DR. OETKER

SCHNELLE PARTY REZEPT

LACHS-WRAPS, PIZZA-KARTOFFELN
BRATWURSTPFANNE, ZIGEUNERKÄS

Dr. Oetker Verlag

1–2 Lachsscheiben darauf legen, Paprika darüber streuen und restliche Sauce darauf verteilen.

4 Die Tortillas fest aufrollen, schräg halbieren und bis zum Servieren kalt stellen.

Tipp:
Die Wraps nicht zu lange vorher vorbereiten, da sie sonst durchweichen.

Burritos mit Putenbrust und Rosinen

etwa 20 Stück
Zubereitungszeit: 50 Min., ohne Marinierzeit

Pro Stück:
E: 33 g, F: 15 g, Kh: 19 g, kJ: 1542, kcal: 369

Zum Vorbereiten:
- **4 Knoblauchzehen**
- **800 g Putenbrust**
- **150 ml Sojasauce**

- **1 kg Tomaten**
- **1 Bund Minze**
- **2–3 Chilischoten**
- **1 dicke Stange Porree (Lauch)**
- **1 großer Kopfsalat**
- **5 EL Sonnenblumenöl**
- **5 EL Rosinen, Salz**
- **1 Dose Gemüsemais (Abtropfgewicht 285 g)**
- **2–3 Packungen (insgesamt etwa 20 Stück) weiche Weizentortillas**
- **200 g geriebener Emmentaler Käse**

1 Zum Vorbereiten Knoblauch abziehen und fein würfeln. Putenbrust unter fließendem kalten Wasser abspülen, trockentupfen und in Scheiben oder Streifen schneiden. Fleisch mit Knoblauch und Sojasauce vermengen und 30–40 Minuten marinieren.

2 In der Zwischenzeit Tomaten nach Belieben abziehen, dazu Tomaten kreuzweise einschneiden und kurz in kochendes Wasser legen. Anschließend in kaltem Wasser abschrecken, enthäuten und Stängelansätze entfernen. Tomaten vierteln, entkernen und die Tomatenviertel in grobe Stücke schneiden.

3 Minze abspülen, abtropfen lassen und fein hacken. Chilischoten und Porree putzen, waschen und in feine Streifen schneiden. Vom Kopfsalat die welken Blätter entfernen, die anderen Blätter vom Strunk lösen und waschen. Blätter gut abtropfen lassen und etwas kleiner zupfen.

4 Die Chilistreifen mit Minze und 1 Esslöffel von dem Öl kurz andünsten. Die Tomaten und Rosinen dazugeben, kurz aufkochen lassen und mit Salz abschmecken.

5 Das Putenfleisch aus der Marinade nehmen und mit 4 Esslöffeln Öl in einer großen Pfanne portionsweise anbraten. Den Porree dazugeben und kurz dünsten lassen. Den Mais abtropfen lassen und hinzufügen. Die Marinade darüber gießen und etwas einkochen lassen.

6 Die Tortillas nach Packungsanleitung erwärmen. Den Salat auf einer Häfte jedes Tortillas verteilen. Die Putenbrustmischung etwas abtropfen lassen und darauf geben.

7 Die Tomatenmischung darauf verteilen und die restliche Marinade nach Belieben darüber geben. Den Käse aufstreuen und die unbelegte Hälfte jedes Tortillas darauf klappen.

1 Kartoffeln waschen, bürsten, in Wasser zum Kochen bringen, etwa 10 Minuten kochen lassen und abgießen.

2 Speck in etwa 2 cm große und ½ cm dicke Stücke schneiden. Frühlingszwiebeln putzen, waschen, das Grün bis auf etwa 15 cm abschneiden, beiseite legen. Frühlingszwiebeln in je 4 Stücke schneiden, Kartoffeln, Speck und Frühlingszwiebeln auf 16 Spieße stecken.

3 Spieße mit Öl bepinseln, auf den heißen Grillrost legen, unter Wenden etwa 8 Minuten grillen und zwischendurch mit Öl bepinseln. Kurz vor Ende der Grillzeit das restliche Öl mit Rosmarin und Salz verrühren, die Spieße damit bestreichen und kurz weitergrillen.

4 Den Quark mit dem klein geschnittenen Frühlingszwiebelgrün, Salz, Pfeffer und Sahne verrühren und zu den Spießen servieren.

Pizzakartoffeln

Zubereitungszeit: 40 Min., ohne Backzeit

Pro Portion:
E: 11 g, F: 13 g, Kh: 31 g, kJ: 1239, kcal: 296

- **10 große fest kochende, mit Kümmel und Salz vorgekochte Pellkartoffeln (je 130–150 g)**
- **Salz**
- **frisch gemahlener Pfeffer**
- **400 g Tomaten**
- **1 Zwiebel**
- **1 Knoblauchzehe**
- **30 g Butter**
- **1 EL frische Kräuter (Rosmarin, Oregano, Thymian) oder 1 TL getrocknete Kräuter der Provence**
- **1 EL gehackte Petersilie**
- **10 schwarze, entsteinte Oliven**
- **10 grüne, mit Paprika gefüllte Oliven**
- **250 g grob geriebener mittelalter Gouda**

1 Kartoffeln der Länge nach halbieren, mit einem Kugelausstecher oder einem Teelöffel gut ½ cm tief aushöhlen und mit Salz und Pfeffer würzen.

2 Tomaten waschen, abtropfen lassen, halbieren, Stängelansätze herausschneiden und Tomaten fein würfeln. Zwiebel und Knoblauch abziehen und fein würfeln. Tomaten mit Zwiebel- und Knoblauchwürfeln in Butter 3–5 Minuten dünsten, dabei etwas einkochen lassen.

3 Kartoffelinneres mit einer Gabel zerdrücken, mit Kräutern mischen, salzen und pfeffern und dazugeben. Schwarze Oliven halbieren, grüne in Scheiben schneiden.

4 Tomatenmasse mit Oliven und der Hälfte des Käses mischen, bergartig in die Kartoffelhälften füllen und mit dem restlichen Käse bestreuen. Gefüllte Kartoffeln auf ein Backblech legen und das Backblech in den Backofen schieben.

Ober-/Unterhitze:
etwa 200 °C (vorgeheizt)
Heißluft: etwa 180 °C (vorgeheizt)
Gas: Stufe 3–4 (vorgeheizt)
Backzeit: etwa 25 Min.

Tipp:
Für einen Dip 1 Becher (150 g) Crème fraîche und 150 g Naturjoghurt verrühren, 2–3 EL gemischte, gehackte Kräuter unterrühren und mit Salz und Pfeffer würzen. Den Dip zu den heißen Pizzakartoffeln servieren. Dazu schmeckt knackiger, gemischter Blattsalat.

Gefüllte gebackene Kartoffeln

Zubereitungszeit: 30 Min., ohne Backzeit

Pro Portion:
E: 10 g, F: 32 g, Kh: 20 g, kJ: 1789, kcal: 427

- **10 mittelgroße fest kochende gekochte, gepellte Pellkartoffeln (je 120–150 g)**
- **Salz**
- **frisch gemahlener Pfeffer**
- **150 g mittelalter Gouda**
- **2 Bund Schnittlauch**
- **10 Scheiben Frühstücksspeck (Bacon)**
- **20 g Butter**

- **Schnittlauchröllchen**

1 Kartoffeln der Länge nach halbieren und mit einem kleinen Kugelausstecher oder Teelöffel jede Hälfte vorsichtig etwas aushöhlen. Die Hälften innen mit Salz und Pfeffer bestreuen.

2 Käse fein würfeln. Schnittlauch abspülen, trockentupfen und in feine Röllchen schneiden. Käse mit Schnittlauchröllchen (2 Esslöffel zum Garnieren zurückbehalten) mischen, salzen und pfeffern.

3 Jede Kartoffelhälfte mit der Mischung füllen und zwei Kartoffelhälften zusammensetzen. Jede Kartoffel mit einer Speckscheibe umwickeln und in eine große, flache Auflaufform legen.

4 Butter zerlassen, Kartoffeln mit flüssiger Butter bestreichen und die Form auf dem Rost in den Backofen schieben.

Ober-/Unterhitze:
etwa 220 °C (vorgeheizt)
Heißluft: etwa 200 °C (vorgeheizt)
Gas: Stufe 4–5 (vorgeheizt)
Backzeit: etwa 25 Min.

5 Die Kartoffeln heiß und mit Schnittlauchröllchen bestreut servieren.

Tipp:
Zu den Kartoffeln eine feurige Tomatensauce reichen. Dafür 2 Dosen Pizzatomaten (stückige Tomaten, Einwaage je 400 g) mit je 2 abgezogenen, fein gewürfelten Zwiebeln und Knoblauchzehen in 3 Esslöffeln Olivenöl 3–5 Minuten dünsten. Die Sauce mit Sambal Oelek oder Cayennepfeffer, Salz, Pfeffer und wenig Zucker pikant würzen.
Dazu schmeckt gemischter Blattsalat.

Marinierte Chicken Wings

Foto
Zubereitungszeit: 15 Min., ohne Backzeit

Pro Portion:
E: 43 g, F: 26 g, Kh: 4 g, kJ: 1781, kcal: 426

- **200 ml Hühnerbrühe**
- **3 EL Tomatenketchup**
- **1 EL brauner Zucker**
- **2 EL Sojasauce**
- **1 EL Speisestärke**
- **1 EL Weinessig**
- **2 TL Sambal Oelek**
- **1 TL Currypulver**
- **2 kg Hähnchenflügel**

1 Hühnerbrühe mit Ketchup, Zucker, Sojasauce, Speisestärke, Essig, Sambal Oelek und Curry in einen Topf geben und unter Rühren aufkochen lassen.

2 Hähnchenflügel abspülen, trockentupfen, gegebenenfalls im Gelenk durchtrennen und auf ein Backblech (30 x 40 cm, gefettet, mit Backpapier belegt) legen.

3 Hähnchenflügel dick mit der Sauce bestreichen und das Backblech auf der mittleren Schiene in den Backofen schieben.

Ober-/Unterhitze: etwa 200 °C (vorgeheizt)
Heißluft: etwa 180 °C (vorgeheizt)
Gas: Stufe 3–4 (vorgeheizt)
Backzeit: etwa 45 Min.

4 Die Hähnchenflügel während des Backens gelegentlich mit der restlichen Sauce bestreichen und heiß oder kalt servieren.

Tipp:
Mit Baguette, Kartoffelsalat oder Pommes frites und Salat servieren.

Blätterteigschnecken mit getrockneten Tomaten

etwa 45 Stück
Zubereitungszeit: 25 Min., ohne Auftau- und Backzeit

Pro Stück:
E: 1 g, F: 4 g, Kh: 4 g, kJ: 259, kcal: 62

- **1 Pck. (450 g, 6 rechteckige Platten) TK-Blätterteig**

Für die Füllung:
- **2 EL (etwa 50 g) Pesto Rosso (rotes Pesto)**
- **100 g Mascarpone (italienischer Frischkäse)**
- **4 eingelegte, getrocknete Tomaten**
- **50 g geriebener Parmesankäse**

1 Blätterteigplatten nebeneinander zugedeckt nach Packungsanleitung auftauen lassen.

2 Für die Füllung Pesto mit Mascarpone gut verrühren. Tomaten in kleine Würfel schneiden und unterheben. Die Masse auf die Blätterteigplatten streichen, dabei am Rand jeweils etwas frei lassen. Parmesan darüber streuen.

(Fortsetzung Seite 26)

Gefüllte Hörnchen

Zubereitungszeit: 60 Min., ohne Backzeit

Pro Portion:
E: 13 g, F: 19 g, Kh: 45 g, kJ: 1764, kcal: 421

Für den Hefeteig:

- **500 g Weizenmehl**
- **1 Pck. (42 g) frische Hefe**
- **1 TL Zucker**
- **250 ml (1/4 l) lauwarme Milch**
- **1 gestr. TL Salz**
- **1 Ei (Größe M)**
- **100 g zerlassene, abgekühlte Butter**

Für die Füllung:

- **150 g Möhren**
- **150 g Frühlingszwiebeln**
- **30 g Butter**
- **150 g gekochter Schinken**
- **Salz**
- **frisch gemahlener Pfeffer**

Zum Bestreichen und Bestreuen:

- **1 Eigelb**
- **1 EL Milch**
- **etwa 2 EL Sesamsamen**

1 Für den Teig Mehl in eine Schüssel sieben. In die Mitte eine Vertiefung drücken. Hefe hineinbröckeln, Zucker und etwas von der Milch hinzufügen. Mit einer Gabel vorsichtig verrühren und etwa 10 Minuten stehen lassen.

2 Salz, Ei, Butter und restliche Milch hinzufügen und mit Handrührgerät mit Knethaken zunächst auf niedrigster, dann auf höchster Stufe in etwa 5 Minuten zu einem glatten Teig verarbeiten. Den Teig zugedeckt so lange an einem warmen Ort stehen lassen, bis er sich sichtbar vergrößert hat (etwa 20 Minuten).

3 In der Zwischenzeit Möhren putzen, schälen, waschen und fein würfeln. Frühlingszwiebeln putzen, waschen und in feine Ringe schneiden. Möhren 4 Minuten in Butter dünsten, dann Frühlingszwiebeln zugeben und 3 Minuten mitdünsten. Schinken fein würfeln, dazugeben, alles mit Salz und Pfeffer würzen und abkühlen lassen.

4 Teig aus der Schüssel nehmen, auf der bemehlten Arbeitsfläche nochmals kurz durchkneten, dünn zu einem Quadrat von 48 x 48 cm ausrollen und 16 kleine Quadrate von 12 x 12 cm ausradeln oder schneiden. Jeweils etwa 1 Esslöffel Gemüsemischung auf eine Ecke der Teigquadrate geben, mit der Ecke beginnend aufrollen, zu Hörnchen formen und auf ein mit Backpapier belegtes Backblech legen.

5 Teighörnchen mit verquirlter Eigelb-Milch bestreichen, mit Sesam bestreuen und 5–10 Minuten an einem warmen Ort gehen lassen. Anschließend das Backblech in den Backofen schieben.

Ober-/Unterhitze: 180–200 °C (vorgeheizt)
Heißluft: 160–180 °C (vorgeheizt)
Gas: etwa Stufe 3 (vorgeheizt)
Backzeit: etwa 20 Min.

Tipp:
Die Hörnchen warm oder kalt servieren.

Bunter Nudeltopf

Foto
Zubereitungszeit: 50 Min.

Pro Portion:
E: 71 g, F: 16 g, Kh: 84 g,
kJ: 3314, kcal: 791

- **700 g Putenbrust**
- **3 EL Sojasauce**
- **1 TL Paprikapulver edelsüß**
- **weißer Pfeffer**
- **je 2 große rote und gelbe Paprikaschoten**
- **1 dicke Stange Porree (Lauch)**
- **500 g Champignons**
- **2–3 EL Speiseöl**
- **2 l Hühnerbrühe**
- **6 l Wasser, 6 TL Salz**
- **750 g Hörnchennudeln**

1 Putenbrust unter fließendem kalten Wasser abspülen, trockentupfen und in Würfel schneiden. In Sojasauce, Paprikapulver und Pfeffer etwa 10 Minuten marinieren.

2 In der Zwischenzeit Paprikaschoten halbieren, entstielen, entkernen, die weißen Scheidewände entfernen, Schoten waschen und in Stücke schneiden. Porree putzen, halbieren, waschen und in Streifen schneiden. Champignons mit Küchenpapier abreiben und halbieren.

3 Das marinierte Fleisch in einem großen Topf in Öl portionsweise rundherum anbraten. Die Hühnerbrühe hinzugießen und aufkochen lassen.

4 Für die Nudeln in der Zwischenzeit Wasser in einem großen Topf mit geschlossenem Deckel zum Kochen bringen. Dann Salz und Nudeln zugeben. Die Nudeln im geöffneten Topf bei mittlerer Hitze nach Packungsanleitung kochen lassen, dabei zwischendurch 4–5 mal umrühren. Anschließend die Nudeln in ein Sieb geben, mit heißem Wasser abspülen und abtropfen lassen.

5 Paprika-, Porree- und Champignonstücke in die Hühnerbrühe geben und etwa 8 Minuten kochen lassen. Die garen Nudeln dazugeben und untermengen. Den Nudeltopf mit Sojasauce, Salz und Pfeffer abschmecken und sofort servieren.

Ungarische Sauerkrautsuppe

Zubereitungszeit: 50 Min.

Pro Portion:
E: 37 g, F: 69 g, Kh: 19 g,
kJ: 3718, kcal: 887

- **150 g durchwachsener Speck**
- **5 EL Speiseöl**
- **4 Zwiebeln**
- **4 Knoblauchzehen**
- **1 kg Sauerkraut**
- **1,5 l Fleischbrühe**
- **1 TL Kümmelsamen**
- **2 Lorbeerblätter**
- **8 Mettwürstchen**
- **2 Dosen weiße Bohnen (Einwaage je 400 g)**
- **4 EL Tomatenmark**
- **1 EL Paprikapulver edelsüß**
- **Salz**
- **frisch gemahlener Pfeffer**

1 Speck in Würfel schneiden, Öl erhitzen und die Speckwürfel darin auslassen. Zwiebeln und Knoblauchzehen abziehen, würfeln, zum Speckfett geben und darin andünsten.

(Fortsetzung Seite 34)

2 Sauerkraut locker zupfen und mit Fleischbrühe, Kümmel, Lorbeerblättern und Mettwürstchen zu den Speckzwiebeln geben. Die Suppe etwa 25 Minuten garen.

3 Bohnen mit Tomatenmark und Paprika hinzufügen, salzen, pfeffern und aufkochen lassen.

4 Die gegarten Würstchen aus der Suppe nehmen, in Scheiben schneiden, wieder in die Suppe geben und die Suppe servieren.

■ **Tipp:**
Dazu passen kräftiges Bauernbrot oder Zwiebelbrötchen.

Scharfe China-Suppe

Zubereitungszeit: 40 Min.

Pro Portion:
E: 26 g, F: 10 g, Kh: 11 g, kJ: 1196, kcal: 286

- **100 g Glasnudeln**
- **2 Entenbrüste (je etwa 350 g)**
- **1 EL Currypulver**
- **70 g frische Ingwerwurzel**
- **1,5 l Hühnerbrühe**
- **1 Glas kleine Champignons (Einwaage 170 g)**
- **1 Dose Ananaswürfel (Einwaage 350 g)**
- **1 Glas Bambusschösslinge in Streifen (Abtropfgewicht 180 g)**
- **200 g Sojasprossen, frisch oder aus dem Glas**
- **2 EL Speisestärke**
- **3–4 EL Sojasauce**
- **etwa 2 TL Sambal Oelek**
- **1 Stange Porree (Lauch, etwa 250 g)**
- **1 rote Paprikaschote (etwa 200 g)**

1 Glasnudeln mit kaltem Wasser bedecken und einweichen lassen.

2 In der Zwischenzeit die Haut von den Entenbrüsten abziehen, Haut in einem großen Suppentopf ohne Fett anbraten und aus dem Topf nehmen.

3 Entenbrüste unter fließendem kalten Wasser abspülen, trockentupfen und in Streifen schneiden. Die Streifen in dem Fett im Topf anbraten und mit Curry bestreuen. Ingwer schälen, in kleine Würfel schneiden und zu den Entenbruststreifen geben.

4 Hühnerbrühe hinzufügen und alles aufkochen lassen. Champignons und Ananas mit Abtropfsaft hinzugeben. Bambusschößlinge abtropfen lassen und mit den Sojasprossen in die Suppe geben.

5 Speisestärke mit Sojasauce verrühren, die Suppe damit binden und mit Sambal Oelek nach Geschmack würzen.

6 Porree putzen, waschen und in feine Streifen schneiden. Paprikaschote halbieren, entstielen, entkernen und die weißen Scheidewände entfernen. Schote waschen und in feine Würfel schneiden.

7 Porree und Paprika in die Suppe geben und aufkochen lassen. Glasnudeln abtropfen lassen, in kurze Stücke teilen, kurz mitkochen lassen und die Suppe servieren.

Garnelen-Paprika-Salat

Zubereitungszeit: 35 Min., ohne Auftauzeit

Pro Portion:
E: 12 g, F: 7 g, Kh: 6 g, kJ: 601, kcal: 143

- **500 g gegarte King Prawns ohne Schale (Riesengarnelen, TK oder Kühltheke)**
- **600 g rote Paprikaschoten**
- **400 g gelbe Paprikaschoten**
- **2–3 Knoblauchzehen**
- **1 Bund Frühlingszwiebeln**

Für die Sauce:

- **2 grüne Chilischoten**
- **Saft von 3 Limetten**
- **Salz**
- **frisch gemahlener Pfeffer**
- **etwas Zucker**
- **5 EL Haselnussöl**

- **1–2 Bund Koriander**
- **einige Limettenscheiben**

1 King Prawns auftauen lassen, abspülen und trockentupfen.

2 Paprikaschoten halbieren, entstielen, entkernen, die weißen Scheidewände entfernen und die Schoten waschen. Die Haut mit einem Sparschäler dünn abschälen und die Paprika in sehr kleine Würfel schneiden. Die Paprikawürfel mit den King Prawns in eine Schüssel geben.

3 Knoblauch abziehen, durch eine Presse geben und untermischen. Frühlingszwiebeln putzen, waschen, abtropfen lassen, in feine Ringe schneiden und ebenfalls unterheben.

4 Für die Sauce Chilischoten halbieren, entstielen, entkernen, die weißen Scheidewände entfernen, die Schoten waschen und fein hacken. Limettensaft mit Salz, Pfeffer, etwas Zucker und Öl verrühren. Chiliwürfel unterrühren und die Sauce mit den Salatzutaten vermischen.

5 Koriander abspülen, trockentupfen, grob zerkleinern und unterrühren. Den Salat mit Limettenscheiben garniert servieren.

Tipp:
Dazu passt frisches Baguette oder Toast und ergibt so eine kleine, feine Vorspeise.

Broccoli-Cocktail

Foto
Zubereitungszeit: 50 Min.

Pro Portion:
E: 16 g, F: 28 g, Kh: 9 g,
kJ: 1659, kcal: 397

- **1 kg Broccoli**
- **10 Tomaten**
- **400–500 g Camembert**

Für die Cocktailsauce:

- **3 Becher (je 150 g) Crème fraîche**
- **7–8 EL Pernod, Salz**
- **frisch gemahlener Pfeffer**
- **einige gewaschene Salatblätter**
- **gehackte Pistazienkerne**

1 Vom Broccoli die Blätter entfernen, die Stängel am Strunk schälen und bis kurz vor den Röschen kreuzförmig einschneiden.

2 Broccoli waschen, in kochendes Salzwasser geben, zum Kochen bringen und 8–10 Minuten kochen. Broccoli abtropfen und erkalten lassen und anschließend klein schneiden (einige Röschen zum Garnieren zurücklassen).

3 Tomaten kreuzweise einschneiden und kurz in kochendes Wasser legen. Anschließend in kaltem Wasser abschrecken, enthäuten und Stängelansätze herausschneiden. Tomaten und Camembert würfeln.

4 Für die Cocktailsauce Crème fraîche mit Pernod verrühren und mit Salz und Pfeffer würzen. 8–10 Cocktailgläser mit Salatblättern auslegen, die Cocktailzutaten darauf anrichten und mit der Sauce übergießen.

5 Den Cocktail mit Broccoliröschen und Pistazienkernen garnieren und sofort servieren.

Tipp:
Es kann etwas von dem Kochsud unter die Sauce gerührt werden, dann etwas weniger Pernod verwenden. Der Salat kann auch in einer großen Glasschale angerichtet werden.

Hähnchen-Zwiebel-Salat

Zubereitungszeit: 50 Min., ohne Durchziehzeit

Pro Portion:
E: 61 g, F: 38 g, Kh: 9 g,
kJ: 2820, kcal: 673

- **1 kg rote Zwiebeln**
- **2 kleine gebratene Hähnchen (je etwa 750 g)**
- **250 g Emmentaler Käse**

Für die Salatsauce:

- **2 Bund Radieschen**
- **6–8 EL Weinessig**
- **4–5 EL fein gehackter Dill oder Petersilie**
- **Salz**
- **frisch gemahlener, weißer Pfeffer**
- **Paprika edelsüß**
- **6–8 EL Speiseöl**

1 Zwiebeln abziehen, in Scheiben schneiden, in kochendem Wasser etwa 2 Minuten kochen lassen, anschließend abtropfen und erkalten lassen.

2 Die Hähnchen von Haut und Knochen befreien und das Fleisch in Streifen schneiden. Käse ebenfalls in feine Streifen schneiden.

(Fortsetzung Seite 44)

Selleriesalat

Foto
Zubereitungszeit: 50 Min.

Pro Portion:
E: 9 g, F: 11 g, Kh: 34 g,
kJ: 1177, kcal: 281

- **1 kg Knollensellerie**
- **40 ml Zitronensaft**
- **100 ml Orangensaft**
- **3 EL Keimöl**
- **1 Dose Mandarinen (Abtropfgewicht 175 g)**
- **125 g Rosinen**
- **300 g Möhren**
- **2–3 Birnen (etwa 500 g)**
- **120 g Harzer Bauernkäse**
- **3 EL flüssiger Honig**
- **1 gestr. TL Salz**
- **100 g Sonnenblumenkerne**

1 Sellerie schälen, waschen, halbieren und in 2–3 mm dünne Scheiben schneiden. Die Scheiben in 2–3 mm dicke Streifen schneiden und die Streifen in kleine Würfel schneiden.

2 Zitronensaft mit Orangensaft und Öl verrühren, Selleriewürfel hineingeben und gut durchrühren. Mandarinen auf einem Sieb abtropfen lassen, Saft dabei auffangen und unter die Selleriewürfel rühren. Rosinen untermischen.

3 Möhren putzen, schälen, waschen und in feine Würfel schneiden. Birnen schälen, vierteln, entkernen und in etwa 1 x 1 cm kleine Würfel schneiden. Harzer Käse fein würfeln, mit Möhrenwürfeln, Birnenwürfeln und den Mandarinen unter die Selleriewürfel heben.

4 Salat mit Honig und Salz vermengen. Sonnenblumenkerne in einer Pfanne ohne Fett anrösten und ebenfalls unter den Salat heben.

Schneller Tunfisch-Mais-Salat

Zubereitungszeit: 25–30 Min.

Pro Portion:
E: 31 g, F: 31 g, Kh: 53 g,
kJ: 2713, kcal: 648

- **2 Dosen Gemüsemais (Abtropfgewicht je 285 g)**
- **3 Dosen Kidney-Bohnen (Abtropfgewicht je 400 g)**
- **3 Dosen Tunfisch in Öl (Einwaage je 150 g)**
- **3–4 rote Zwiebeln**
- **1 Bund Frühlingszwiebeln**
- **1 Bund glatte Petersilie**

Für die Sauce:

- **5–6 EL milder Weinessig**
- **1 geh. TL Senf**
- **Salz**
- **frisch gemahlener Pfeffer**
- **etwas Zucker**
- **8 EL Distel- oder Keimöl**

1 Mais und Kidney-Bohnen auf einem Sieb abtropfen lassen. Tunfisch ebenfalls abtropfen lassen.

2 Rote Zwiebeln abziehen und fein würfeln. Frühlingszwiebeln putzen, waschen, abtropfen lassen und in feine Ringe schneiden. Petersilie abspülen, gut abtropfen lassen, die Blätter von den Stängeln zupfen und fein schneiden.

3 Für die Sauce Essig mit Senf verrühren, mit Salz, Pfeffer und Zucker würzen und Öl unterrühren. Die Zutaten miteinander vermengen und etwas durchziehen lassen.

Viktoriabarsch-Paprika-Salat

Zubereitungszeit: 60 Min.

Pro Portion:
E: 17 g, F: 18 g, Kh: 26 g,
kJ: 1497, kcal: 357

- **Salzwasser**
- **250 g Reis-Wildreis-Mischung**

- **600 ml Salzwasser**
- **frisch gemahlener Pfeffer**
- **2–3 EL Zitronensaft**
- **1,2 kg Viktoriabarschfilet**
- **2 Beutel gemischte Paprikaschoten (je 500 g)**
- **500 g Austernpilze oder Shiitake-Pilze**
- **6 EL Speiseöl**
- **Salz**

Für die Sauce:

- **100 ml Fischsud**
- **5–6 EL Zitronensaft**
- **Salz**
- **frisch gemahlener Pfeffer**
- **1 Prise Zucker**
- **2 EL gemischte, getrocknete Kräuter**
- **6–7 EL Olivenöl**

1 Salzwasser mit Reis zum Kochen bringen und den Reis nach Packungsanleitung darin gar kochen. Den Reis auf ein Sieb geben, mit kaltem Wasser abspülen und abtropfen lassen.

2 Salzwasser mit Pfeffer und Zitronensaft würzen und zum Kochen bringen. Viktoriabarschfilet unter fließendem kalten Wasser abspülen, in das Salzwasser geben, wieder zum Kochen bringen und den Fisch bei schwacher Hitze in etwa 6 Minuten gar ziehen lassen.

3 Den garen Fisch abtropfen lassen, dabei den Sud auffangen und 100 ml davon für die Salatsauce beiseite stellen. Den Fisch etwas abkühlen lassen und dann in mundgerechte Stücke teilen.

4 Paprikaschoten vierteln, entstielen, entkernen, die weißen Scheidewände entfernen, die Schoten waschen und in feine Streifen schneiden. Pilze putzen, mit Küchenpapier abreiben, evtl. abspülen, trockentupfen und in breite Streifen schneiden.

5 Öl erhitzen, die Pilzstreifen darin 3–5 Minuten anbraten, mit Salz und Pfeffer würzen und abkühlen lassen.

6 Für die Sauce Fischsud mit Zitronensaft, Salz, Pfeffer, Zucker und Kräutern verrühren, anschließend Öl unterrühren. Die Sauce mit den Salatzutaten vorsichtig mischen und den Salat etwas durchziehen lassen.

7 Den Salat vor dem Servieren evtl. nochmals mit den Gewürzen abschmecken.

Tipp:
Den Salat mit Basilikumblättchen garnieren.
Anstelle der getrockneten Kräuter können auch 4 Esslöffel frische gehackte Kräuter verwendet werden.
Dazu schmeckt Ciabatta-Brot.

Bratwurstpfanne

Zubereitungszeit: 25 Min., ohne Garzeit

Pro Portion:
E: 30 g, F: 43 g, Kh: 10 g, kJ: 2396, kcal: 572

- **10 frische, grobe Bratwürste (etwa 1,3 kg)**
- **jeweils 1 rote, grüne und gelbe Paprikaschote**
- **600 g Champignons, frisch oder TK**
- **1 Salatgurke**
- **1 Glas Silberzwiebeln (Abtropfgewicht 190 g)**
- **2 Beutel Champignon-Rahmsauce (für je 1/4 l Flüssigkeit)**
- **1 Becher (250 g) Crème fraîche**
- **2 TL Pul Biber (vom Türken)**
- **1 Bund Petersilie**

1 Bratwürste in eine gefettete Fettfangschale legen, unter den Grill in den Backofen schieben und etwa 10 Minuten grillen.

2 Paprikaschoten halbieren, entstielen, entkernen, die weißen Scheidewände entfernen, Schoten waschen und grob würfeln. Champignons putzen und mit Küchenpapier abreiben (oder auftauen lassen) und in Stücke schneiden.

3 Gurke schälen, längs halbieren, die Kerne mit einem Teelöffel herausschaben und die Gurke in etwa 1 cm große Stücke schneiden. Silberzwiebeln abtropfen lassen. Paprika, Champignons, Gurke und Silberzwiebeln auf den Bratwürsten verteilen und die Fettfangschale wieder in den Backofen schieben.

Ober-/Unterhitze: etwa 200 °C (vorgeheizt)
Heißluft: etwa 180 °C (vorgeheizt)
Gas: Stufe 3–4 (vorgeheizt)
Garzeit: etwa 40 Min.

4 Nach etwa 30 Minuten Garzeit Champignon-Rahmsauce mit dem sich gebildeten Saft in der Fettfangschale verrühren.

5 Nach dem Garen die Sauce mit Crème fraîche verfeinern und mit Pul Biber würzen. Petersilie abspülen, abtropfen lassen, die Blättchen von den Stängeln zupfen und fein hacken. Petersilie über die Bratwurstpfanne streuen und servieren.

Tipp:
Dazu Baguette, Reis oder Kartoffelbrei servieren.
Pul Biber ist ein Gewürz aus geschroteten Pfefferschoten.

2 Tomaten und Tomatenmark hinzugeben, mit Salz, Pfeffer, Cayennepfeffer und Zucker würzen, alles etwa 10 Minuten kochen lassen und anschließend in eine flache Auflaufform geben.

3 Für die Hackklößchen Zwiebeln und Knoblauch abziehen, fein hacken, mit den Eiern zur Hackfleischmasse geben und vermengen.

4 Masse mit Salz, Pfeffer, Cayennepfeffer, Paprika, Tabasco und Majoran kräftig abschmecken und kleine Bällchen formen. Hackbällchen in Öl von allen Seiten braun braten und auf Küchenpapier abtropfen lassen. Die Hackklößchen in die Sauce legen und die Form auf dem Rost in den Backofen schieben.

Ober-/Unterhitze:
etwa 180 °C (vorgeheizt)
Heißluft: etwa 160 °C (vorgeheizt)
Gas: Stufe 2–3 (vorgeheizt)
Garzeit: 15–20 Min.

Tipp:
Dazu Reis oder Nudeln und Salat servieren.

Orientalischer Reistopf

Zubereitungszeit: 50 Min., ohne Auftauzeit

Pro Portion:
E: 32 g, F: 19 g, Kh: 72 g, kJ: 2524, kcal: 603

- **1 kg TK-Lammrückenfilet**
- **8 EL Olivenöl**
- **300 g Zwiebeln**
- **5 Knoblauchzehen**
- **1,6 l Gemüsebrühe**
- **2 Dosen geschälte Tomaten (Einwaage je 400 g)**
- **600 g Langkornreis**
- **700 g Kürbis**
- **4 rote Paprikaschoten**
- **80 g Pinienkerne**
- **120 g Rosinen**
- **2 Döschen (je 0,1 g) Safran**
- **Salz**
- **frisch gemahlener Pfeffer**
- **etwas Kreuzkümmel**

1 Lammrückenfilet nach Packungsanleitung auftauen lassen, trockentupfen und in kleine Würfel schneiden. Olivenöl in einem großen Topf erhitzen und Lammfiletwürfel portionsweise anbraten.

2 Zwiebeln und Knoblauch abziehen, in feine Würfel schneiden, zum Fleisch geben und glasig dünsten lassen.

3 Gemüsebrühe und geschälte Tomaten mit Sud hinzufügen und aufkochen lassen. Reis dazugeben und alles etwa 20 Minuten köcheln lassen.

4 In der Zwischenzeit Kürbis entkernen, schälen und in Würfel schneiden. Paprikaschoten halbieren, entstielen, entkernen, die weißen Scheidewände entfernen, Schoten waschen und ebenfalls würfeln.

5 Nach und nach Kürbis, Paprika, Pinienkerne und Rosinen zum Reis geben und kurz mitgaren. Reis mit Safran, Salz, Pfeffer und Kreuzkümmel würzen und servieren.

Tipp:
Der Topf sollte 8–10 l Inhalt haben.

Tunfisch-Nudel-Auflauf

Zubereitungszeit: 40 Min., ohne Backzeit

Pro Portion:
E: 27 g, F: 37 g, Kh: 47 g, kJ: 2795, kcal: 668

- **1 Gemüsezwiebel**
- **3 Knoblauchzehen**
- **500 g Zucchini**
- **3 EL Olivenöl**
- **400 g Cocktailtomaten**
- **3 Dosen Tunfisch in Öl (je 150 g)**
- **200 g Feta-Käse**
- **500 g Fusili (Nudeln)**
- **2 Becher (je 150 g) Crème fraîche**
- **300 ml Milch**
- **6 Eier (Größe M)**
- **1–2 TL Salz**
- **1 TL gerebelter Thymian**
- **etwas frisch gemahlener Pfeffer**
- **etwas geriebene Muskatnuss**

Für die Sauce:

- **1 Dose passierte Tomaten (Einwaage 400 g)**
- **400 ml Hühnerbrühe**
- **1 EL Speisestärke**
- **1 TL gerebelter Basilikum**
- **frisch gemahlener Pfeffer**

- **1 Bund Petersilie**

1 Zwiebel und Knoblauch abziehen und in feine Würfel schneiden. Zucchini waschen, abtrocknen, die Enden abschneiden und Zucchini in Würfel schneiden. Zwiebel und Knoblauch in einer großen Pfanne in Öl anbraten. Zucchini zu den Zwiebeln geben und ebenfalls anbraten. Alles in eine Fettfangschale (30 x 40 cm) geben.

2 Tomaten waschen, abtrocknen und nach Belieben halbieren. Tunfisch abtropfen lassen. Feta-Käse in kleine Würfel schneiden. Tomaten, Tunfisch, Feta und Nudeln mit Zwiebeln und Zucchini mischen.

3 Crème fraîche mit Milch und Eiern verrühren, mit Salz, Thymian, Pfeffer und Muskat würzen und über die Nudel-Gemüse-Mischung gießen.

4 Den Auflauf mit Alufolie bedecken und die Fettfangschale in den Backofen schieben.

Ober-/Unterhitze:
etwa 180 °C (vorgeheizt)
Heißluft: etwa 160 °C (vorgeheizt)
Gas: Stufe 2–3 (vorgeheizt)
Backzeit: 35–40 Min.

5 Für die Sauce in der Zwischenzeit Tomaten, Hühnerbrühe, Speisestärke, Basilikum und Pfeffer in einen Topf geben, unter Rühren aufkochen lassen und warm stellen.

6 Petersilie abspülen, trockentupfen, Blättchen von den Stängeln zupfen und fein hacken.

7 Den Auflauf aus dem Backofen nehmen, Alufolie entfernen und den Auflauf portionsweise abstechen. Petersilie darüber streuen und den Auflauf mit Tomatensauce servieren.

Putengeschnetzeltes in Safran-Sahne-Sauce

Zubereitungszeit: 45 Min.

Pro Portion:
E: 29 g, F: 34 g, Kh: 4 g, kJ: 1926, kcal: 461

- **1–1¼ kg Putenbrustfiletschnitzel**
- **75 g Butterschmalz**
- **Salz**
- **frisch gemahlener Pfeffer**
- **1–2 Döschen (je 0,1 g) Safran**
- **2–3 TL eingelegter grüner Pfeffer**
- **750 ml (¾ l) Schlagsahne**
- **2 EL Speisestärke**
- **3 EL Wasser**

1 Putenbrustfilet unter fließendem kalten Wasser abspülen, trockentupfen, in feine Streifen schneiden und in Butterschmalz portionsweise anbraten. Fleisch mit Salz und Pfeffer würzen und aus der Pfanne nehmen.

2 Safran mit Pfefferkörnern und Sahne in den Bratensatz geben und unter Rühren etwas aufkochen lassen. Speisestärke mit Wasser verrühren und die Sauce damit binden. Putenbruststreifen dazugeben, erhitzen und mit Salz und Pfeffer abschmecken.

Tipp:

Dazu können in Butter geschwenkte Bandnudeln oder Reis und Salat gereicht werden.
Anstelle von Putenbrustfilet kann auch Hühnerbrustfilet oder Schweineschnitzel verwendet werden.
Die Safran-Sahne-Sauce kann auch exotisch zubereitet werden. Dazu anstelle von grünem Pfeffer 1–2 Teelöffel fein geriebene Ingwerwurzel und etwas gemahlenen Koriander verwenden und die Sauce mit 1 Teelöffel Honig und etwas Zitronensaft abschmecken.

2 Öl erhitzen, Zwiebelringe, Peperoni-und Paprikawürfel sowie Tomatenwürfel darin andünsten. Tomatensaft hinzufügen und bei schwacher Hitze etwa 8 Minuten kochen lassen.

3 Für die Nudeln in der Zwischenzeit Wasser in einem großen Topf mit Deckel zum Kochen bringen. Dann Salz und Nudeln zugeben. Die Nudeln im geöffneten Topf bei mittlerer Hitze nach Packungsanleitung kochen lassen, dabei zwischendurch 4–5 mal umrühren.

4 Anschließend die Nudeln in ein Sieb geben, mit heißem Wasser abspülen und abtropfen lassen.

5 Frühlingszwiebeln putzen, waschen, in feine Ringe schneiden und kurz zur Sauce geben (einige Ringe zum Garnieren zurückbehalten). Sauce mit Salz, Pfeffer und Sambal Oelek feurig abschmecken, zu den Nudeln reichen und mit einigen Frühlingszwiebelringen bestreuen.

Fladenbrot-Pizza

Zubereitungszeit: 20 Min., ohne Backzeit

Pro Portion:
E: 23 g, F: 24 g, Kh: 38 g, kJ: 1985, kcal: 474

- **2 ovale, flache Fladenbrote**
- **500 g gewürztes Schweinemett**
- **200 g Tsatsiki**
- **4 Tomaten**
- **1 Bund Frühlingszwiebeln**
- **250 g Feta-Käse oder Schafkäse**
- **100 g schwarze Oliven, trocken eingelegt**
- **etwas Gyros-Gewürz**

1 Fladenbrote dünn und gleichmäßig mit Schweinemett bestreichen, Tsatsiki in Klecksen darauf verteilen.

2 Tomaten waschen, abtropfen lassen und Stängelansätze entfernen. Tomaten in dünne Scheiben schneiden und die Brote damit belegen. Frühlingszwiebeln putzen, waschen, in feine Ringe schneiden und die Fladenbrote damit bestreuen.

3 Feta- oder Schafkäse abtropfen lassen und in kleine Würfel schneiden. Oliven vom Stein lösen, grob zerteilen, mit dem Käse mischen, auf den Fladenbroten verteilen und mit Gyros-Gewürz bestreuen.

4 Fladenbrote auf Backbleche (30 x 40 cm, mit Backpapier belegt) legen und die Backbleche nacheinander (bei Heißluft zusammen) in den Backofen schieben.

**Ober-/Unterhitze:
etwa 180 °C (vorgeheizt)
Heißluft: etwa 160 °C (vorgeheizt)
Gas: Stufe 2–3 (vorgeheizt)
Backzeit: etwa 20 Min.
je Fladenbrot.**

Alphabetisches Register

Themenregister

Häppchen & Snacks

Aus dem Suppentopf

Aus der Salatschüssel

Aus Topf und Ofen

In dieser Reihe sind bisher außerdem erschienen: *Partysuppen*, *Partysnacks*, *Partysalate*, *Partyaufläufe*, *Partygrillen* und *Partydrinks*. Sie erhalten diese Bücher im Buchhandel.

Umwelthinweis Dieses Buch und der Einband wurden auf chlorfrei gebleichtem Papier gedruckt. Die Einschrumpffolie – zum Schutz vor Verschmutzung – ist aus umweltfreundlichem und recyclingfähigem PE-Material.

Wenn Sie Anregungen, Vorschläge oder Fragen zu unseren Büchern haben, rufen Sie uns unter folgender Nummer an (0521) 155 25 80 oder 52 06 51 oder schreiben Sie uns:
Dr. Oetker Verlag KG, Am Bach 11, 33602 Bielefeld.

Redaktion Sabine Puppe

Fotos
Titelfoto Thomas Diercks, Hamburg

Innenfotos Brigitte Wegner, Bielefeld
Thomas Diercks, Hamburg
Ketchum PR, München
Niederländisches Büro für Milcherzeugnisse, Rijswijk, Niederlande

Rezeptentwicklung und -beratung Hans Peter Huke, Bielefeld
Annette Elges, Bielefeld
Ulrike Paechnatz, Bielefeld

Grafisches Konzept Björn Carstensen, Hamburg
Gestaltung M·D·H Haselhorst, Bielefeld
Titelgestaltung KonturDesign GmbH, Bielefeld

Reproduktionen Kruse Reproduktionen GmbH, Vreden

Satz JUNFERMANN Druck & Service, Paderborn

Druck APPL Druck GmbH & Co. KG, Wemding

ISBN 3–7670–0616–2